AF350986

Simone Torri
SECONDO. REGNO

secondo regno

Δευτερο Βασιλειο

2020 all right reserved

From 2003 the original manuscript

author and cover artist :

simone g.p .torri

graphics, editor:

Vasiliki Kontaxi

ISBN: 9798580599441
jabbaudaz edizioni
simonevtorri@gmail.com

agripouli athens 16451

SIMONE TORRI

Nato: 14.041981.
Nazionalità: Italiano

Nato a Tione (Tn) ha studiato Belle Arti
a L.A.S. di Bergamo allievo di Bonetti
e poi di Fabio Maria Linari, ha studiato
scultura e pittura per l'Accademia di
Belle Arti di Brera Milano. Dal 96
partecipa a numerose mostre in giro
per l'Italia e le sue opere si trovano in
collezioni private in tutta Europa.
Ha vinto il primo premio di poesia
all'età di nove anni.

Fondatore del movimento artistico
moderno italiano è firmatario del
manifesto originale dell'arte e di altre
pubblicazioni correlate.

Ha realizzato molti tromp-oil ad Alzano
Lombardo, Bormio e Roma.
Illustratore grafico, artigiano e
stampatore. Designer stilista e antiquario

L'allievo di Charles Swingholm ,è
creatore proprio brand di moda nel
2017

esportando in sei paesi e tre continenti.
Ritrattista per la principessa Nilou
di Persia e Lady Sandra Bate e altre
celebrità e aristocratici.
Primo pittore scenico di KL performing
art center .
Ora vive e lavora ad Atene.

La galleria d'arte moderna di Bergamo
ha detto di lui
*"il suo lavoro è neo realismo, romantico e post
futuristico, vuole dipingere la verità prima del
dinamismo moderno".*

*un must see" e "l'immagine di Torri [...] ci
mostra il '900 [...] monumentale e poetico" nel
2002 diceva "olio meraviglioso*

colori ed esecuzione fine su tela [...]".

SIMONE TORRI

Ημ Γέν: 14.041981.
Υπηκοότητα: Ιταλική

Γεννημένος στην Τιόνε (Tn) σπούδασε καλές τέχνες στο L.A.S.of Bergamo φοιτητής του Bonetti και μετά από fabio Maria Linari, σπούδασε γλυπτική και ζωγραφική για την ακαδημία καλών τεχνών στην Brera Milan. Από το 96 του συμμετέχει σε διάφορες εκθέσεις σε όλη την Ιταλία και τα έργα του βρίσκονται σε ιδιωτικές συλλογές σε όλη την Ευρώπη. Κέρδισε το πρώτο βραβείο ποίησης σε ηλικία εννέα ετών.

Ιδρυτής του ιταλικού κινήματος σύγχρονης τέχνης είναι υπογράφων του αρχικού μανιφέστου της τέχνης και άλλων σχετικών εκδόσεων.

Κατασκευασμένο από πολλές *tromp-oil* σε Αλζάνο Λομπάρντο, Μπόρμιο και Ρώμη.

Γραφικός εικονογράφος, Crafter και εκτυπωτικών τεχνών. Σχεδιαστής στυλίστας και αντίκερ εμπορίου.

Μαθητής του Charles Swingholm δημιουργός της δικής του εταιρείας mason μόδας το 2017 η οποία εξάγει σε 6 χώρες και 3 ηπείρους.Πορτρέτο καλλιτέχνης για την πριγκίπισσα Nilou της Περσίας και lady Sandra Bate και άλλες διασημότητες και αριστοκράτες. Πρώτη γραφική ζωγράφος του KL performing art center
Τώρα ζει και εργάζεται στην Αθήνα.

Η γκαλερί μοντέρνας τέχνης στο Μπέργκαμο είπε ότι
"το έργο του είναι νεο-ρεαλισμός, ρομαντικός και μετα-φουτουριστικός, θέλει να ζωγραφίσει την αλήθεια πριν από τον σύγχρονο δυναμισμό".

Πρέπει να δούμε "και" η εικόνα του Τορί [...] μας δείχνει το μνημειακό και ποιητικό [...] 1900 "το 2002 είπε" υπέροχο λάδι

χρώματα και εξαιρετική κατασκευή σε καμβά [...] ".

"Portrait Of Dario On The Phone"
SIMONE TORRI - ETCHING

A DARIO

Bianco e i suoi grigiori
Il marmo e e i suoi colori.
Che soli cancellan
cieli di azzurri sognatori;
verde l'eta dei nieri metittori.

Bronzificano i tuoi nomi,
sbiadiscono i tuoi suoni.

ΣΤΟΝ ΝΤΑΡΙΟ

Λευκό στο Γκρι του
το μάρμαρο και τα χρώματά του.
Ότι μόνο ματεωση
μπλέ ουρανοί ,ονειροπόλοι;
πράσινη η εποχή του μαυρου θεριστή.

Χάλκινα τα ονόματά σας
ξεθωριάζουν τους ήχους σας.

S.G.P Torri

Secondo Regno

ΔΕΥΤΕΡΟ ΒΑΣΙΛΕΙΟ

SECONDO. REGNO

S.G.P Torri

"d'apres"
SIMONE TORRI - ETCHING

INTRO

IO ORA SON
NEL SONNO.
SONO SOLO;
CHE SOLO IO
SAPRO'
SCENDERE
AL SETTE
ANELLO

ETEREO
ETTO DI CARNE
CHE FU
PER CUI
ARSE
LE PIAZZE E PIU'.

S.G.P Torri

ΕΙΣΑΓΩΓΗ

ΕΙΜΑΙ ΤΩΡΑ
ΣΤΟΝ ΥΠΝΟ.
ΕΙΜΑΙ ΜΟΝΟΣ;
ΟΤΙ ΜΟΝΟ ΕΓΩ
ΘΑ ΞΕΡΩ ΠΩΣ ΝΑ
ΚΑΤΕΒΕΙ
ΣΤΟ ΕΠΤΑ
ΑΙΘΕΡΙΑ

ΔΑΧΤΥΛΙΔΙ
ΤΗΣ ΣΑΡΚΑΣ
ΠΟΥ ΗΤΑΝ
Ο ΛΟΓΟΣ
ΠΟΥ ΕΚΑΨΕ
ΤΙΣ ΠΛΑΤΕΙΕΣ
ΚΑΙ ΠΟΛΛΑ
ΑΛΛΑ.

IO PERSI PURE
LE TRACCE E
CREBBI
NO MI PIAQUE
QUI PER CHI MI
PIANSE
VIDI
TRACCE ARSE
E ASSETANDOMI
ALLA FONTE
VIDI IL FONDO
COME SACRO
SEGNO
SULLA FRONTE
LA FINE DELLA
GENTE
CAPII NEL
REGNO
FINII
E VIDI
E CREDETTI
MA A SUON
DEL GALLO
CADDI E UN
TUONO
ANNEGO' IL
RESTO.

ΕΧΑΣΑ ΕΠΙΣΗΣ
ΤΑ ΙΧΝΗ
ΚΑΙ ΜΕΓΑΛΩΣΑ
ΟΧΙ ΜΟΥ ΑΡΕΣΕ
ΕΔΩ ΓΙΑ ΕΚΕΙΝΟΥΣ
ΠΟΥ ΦΩΝΑΖΑΝ
ΕΙΔΑ ΚΑΜΕΝΑ ΙΧΝΗ
ΚΑΙ ΔΙΨΑ
ΣΤΗΝ ΠΗΓΗ
ΕΙΔΑ ΤΟΝ ΠΥΘΜΕΝΑ
ΩΣ ΙΕΡΟ ΣΗΜΑΔΙ
ΣΤΟ ΜΕΤΩΠΟ
ΤΟ ΤΕΛΟΣ
ΤΩΝ ΑΝΘΡΩΠΩΝ
ΚΑΤΑΛΑΒΑ
ΣΤΟ ΒΑΣΙΛΕΙΟ
ΤΕΛΕΙΩΣΕ
ΚΑΙ ΕΙΔΑ
ΚΑΙ ΠΙΣΤΕΥΑ
ΑΛΛΑ ΜΕ ΤΟΝ ΗΧΟ
ΤΟΥ ΚΟΚΟΡΑ
ΕΠΕΣΑ
ΚΑΙ ΜΙΑ ΒΡΟΝΤΗ
ΕΠΝΙΞΕ
ΤΑ ΥΠΟΛΟΙΠΑ. .

Doven
demendo,
nel
asserir
bestemmia,
esser nel
gemendo
negli anni

FUI CON
DARIO MECO
BATTENDO

SULLE PORTE
BIECO
IL SUON
DEL SOLIDO
SCOGLIO.

Όπου
βλακεία,
υποστηρίζοντας
βλασφημία,
να είναι
γκρίνια
όλα αυτά
τα χρόνια

ΗΜΟΥΝ
ΜΕ ΤΟΝ DARIO,
ΚΙ ΑΥΤΟΣ ΜΑΖΙ ΜΟΥ,
ΧΤΥΠΑΜΕ
ΤΙΣ ΠΟΡΤΕΣ
ΚΑΚΟΣ ΕΙΝΑΙ
Ο ΗΧΟΣ
ΤΟΥ ΣΤΕΡΕΟΥ
ΒΡΑΧΟΥ.

E li
solo
come Lisippo
nell'attimo
attonito
mentre
preso
l'animo
mi fu
colpo
torto
dal chi'o
SOLO SEPPI
CREDER
D'esser
veder
torto
che fulgido
comparir
dell'etereo

Και εκεί
μόνο
ως ένας Λυσίππος
στη στιγμή
έκπληκτος,
ενώ
ελήφθη
η ψυχή
πυροβολήθηκε
λάθος
από το εγω μου
ΜΟΝΟ ΠΟΥ
ΗΞΕΡΑ
πιστεύουν
ότι βλέπουν
λάθος
ότι φωτεινό
εμφανίζεται
του αιθέριου.

L' agiocato
fui d'animo
melo
colse
d'esser caduto
prescelto n'apice
perduto
io
solo
stolto
come vate
contorce
nell'atroce
velenono
sagace
come fato
meco
incapace d'esser
tra molti
il solo che piace

S.G.P Torri

Το χαλινάρι
Ύταν στην ψυχή
μου
Που είχε πάρει
από αυτά που
έχουν πέσει
Επιλέγοντας την
κορυφή
χάνοντας
μόνος
ανόητος
όπως και των
ποιητών
σπαρταράει
στην αποτρόπαια
δηλητήριασμένος
μυαλωμένος
όπως ήταν η μοίρα
μαζί μου
δεν μπορεί να είναι,
μεταξύ πολλών
ο μόνος που του
αρέσει

NON ANCORA
ARRESO
EFESO E SCHINIERI
RICORDI DI IERI INQUIETO
NERO GIRON DEI NERI
NERONI *Piomban \parlar*
       di
       achei
       che cattivi
       natai
       diederon
       noi
       nei
       attimi fui
       dagli etici
       Atenei

ΧΘΕΣ
ΑΝΗΣΥΧΟ
ΜΑΥΡΟ
ΠΕΡΙΠΛΑΝΗΘΗΚΕ
ΤΩΝ ΜΑΥΡΩΝ
ΝΕΡΟΝΙ *Νέρωνες απότομα *
      μιλούν
      Αχαιοϊς
      κακό
      εγγενείς
      να του δώσουν
      εμέις
      σε αυτές τις στιγμές
      Με αυτούς
      τους ηθικός
      αθηναίους

Canti fra i
negri demoni
Zimbello mio io caddi
la tecnice
ordi' simili sibili in
nel mio in cui ordii
i miei sordidi io

Verde fu
il colore
del buio
le funi
furon
or che tutt'e'
Assenzio

Io soloson
tristo dal fin
del mio
moto
fondo giron
giro e volto
il fato
m'e' tolto

E NOVO PORTO
IL MIO SOLPIANTO.O
SE DIR POTE,

S.G.P Torri

Τραγουδώντας μεταξύ
οι μαύροι δαίμονες
Γελώντας μου έπεσε
η τεχνική που έφτιαξα
παρόμοια σφύριγμα
στο δικό μου
στο οποίο έφτιαξα
πρόστυχη μου .

Πράσινο ήταν
το χρώμα
του σκότους
τα σχοινιά
ήταν
ή
ότι όλα "είναι"
αφέντι μόνο

λυπημένος από το τέλος
της κάτω
κίνησης μου
ομααδικά κύκλος
και αντιμετωπίζουν
τη μοίρα μου
" αφαιρεθεί

ΚΑΙ ΝΕΟ ΦΕΡΝΩ
ΚΛΑΪΩ ΜΟΝΟΣ
ΜΟΥ. .

"Landscape Toskan"
SIMONE TORRI - ETCHING

S.G.P Torri

Che mai mi piaque
nell' animo solingo,
esser solo; libero.

Se in me fingo *HAI!*
Dunque guido rigo
Su rigo il mio fil
e in finsol piango

Quand'un tratto, io si fatto
Fumo e guardo il dado;
tratto!

S.G.P Torri

Η αν λέω, ότι ποτέ
δεν μου άρεσε
ποτέ στην ψυχή,
να είμαι μόνος. ελεύθερος.

Αν μέσα μου προσποιηθώ
ότι σε έχω!
Έτσι οδηγώ ευθέια στη γραμμή
και στο τέλος κλαίω

όταν ξαφνικά, εγώ το έφτιαξα έτσι
καπνίζω και κοιτάζω το ζάρι,
τεντώστε!

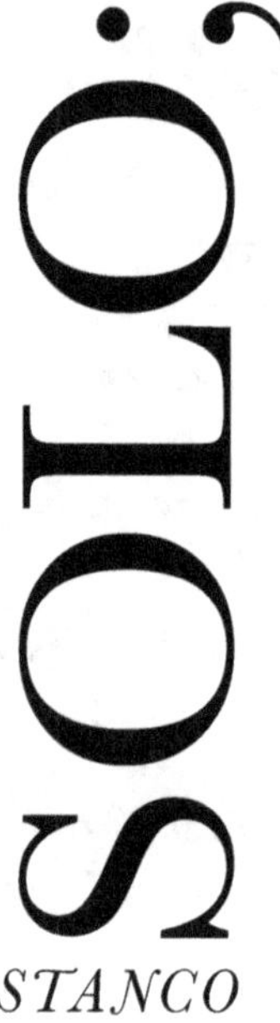

SOLO;
STANCO

ΜΟΝΟΣ;

ΚΟΥΡΑΣΜΕΝΟΣ

*ale in me
ancor fiele che mando
amar amaro
consola*

S.G.P Torri

Αλάτι μέσα μου
δηλητήριο που στέλνω
η αγάπη είναι πικρή
Προξενική

emi di selci.
Nell'animo salici soli.

DIO SALVACI.

πόροι πυριτόλιθου.
Στην ψυχή ιτιές

ΚΑΙ ΜΟΝΟ.

*N*ato
messo nel casin
Di volta intrica
Sol rapita per
Tacer la musica.

S.G.P Torri

Γεννημένος έβαλε
στο καζίνο
του θησαυρού
περίπλοκα Σολάκια
για να σιωπήσουν τη μουσική.

*M*uto sta'
scruto
*l'ostacolo
bruto oracolo
di passato
sfiatato.*

Χαζός να ΄
εξετάζω
το εμπόδιο
του παρελθόντος
που
έπνιξε.

ATTIMI DI PIA CERE MI PERCORRONO, VILI AMAREZZE

PRECORRONO IN ME SOTTILI

ATERRA MI CHIEDONO SE

CHIEDERMI SE FOSSE SOLO TUONO

O

UN TONFO

BUIO

S.G.P Torri

ΣΤΙΓΜΈΣ ΗΔΟΝΉΣ ΤΡΈΧΟΥΝ ΜΈΣΑ ΜΟΥ, ΧΥΔΑΊΑ
ΔΙΑΘΕΣΙΜΟΙ ΜΈΣΑ ΜΟΥ

ΛΕΠΤΉ ΠΊΚΡΑ ΑΤΕΡΑ ΡΏΤΑ ΜΕ ΑΝ ΜΕ ΡΩΤΆΣ
ΑΝ ΗΤΑΝ ΜΟΝΟ ΒΡΟΝΤΗ Η ΕΝΑ ΣΚΟΤΕΙΝΟ ΓΔΟΥΠΟ

ΠΟΥ ΕΠΙΚΑΛΟΎΜ ΑΙΣΕ
ΜΑΚΡΙΈΣ ΡΊΨΕΙΣ

S.G.P Torri

Ο ΘΑΝΑΤΟΣ ΜΟΥ ΚΟΥΡΑΣΜΕΝΟΣ ΔΥΣΚΑΜΠΤΟΣ ΤΗ ΣΤΙΓΜΗ ΠΟΥ ΕΙΜΑΙ.

STANCO RIGIDO NELL'ATTIMO STO'.

EVOCATO ALTRO ME CHE CORRE.

VIBRO ETERTEO SOLINGO

ΠΡΟΚΆΛΕΣΕ ΆΛΛΕΣ, ΤΡΈΧΕΙ. ΤΡΕΜΑΜΕΝΟΣ

ΑΙΘΕΡΙΟΣ. ΜΟΝΟΣ.

GEMO, STRIDO; VIVO

CREDO, VIVO,
GRIDO.

ΒΟΓΓΗΤΌ, ΔΙΑΣΚΕΛΙΣΜΌ; ΖΩ

ΠΙΣΤΕΎΩ, ΖΩ,
ΚΛΑΊΩ. .

*Trovando nel buio
un vecchio cappello
un opaco specchio
spreca brillicchi
di dolore.*

*Sun squarci che torci
fecati marchi gridan
pagliacci*

E NEGLI OCCHI SON
RAGGI
DI UN PASSATO CHE
PIANGI

Βρίσκοντας στο
σκοτάδι ένα παλιό καπέλο
ένας θαμπός καθρέφτης
σπαταλά τις αχτίδες
του πόνου.

Τα δάκρυα
του ήλιου που στρίβουν
έκαναν σημάδια κλόουν

ΚΑΙ ΣΤΑ ΜΑΤΙΑ ΕΙΝΑΙ
ΑΚΤΙΝΕΣ
ΕΝΟΣ ΠΑΡΕΛΘΟΝΤΟΣ
ΠΟΥ ΚΛΑΙΝΕ.

Tempo,
mutazioni di scalzo sob-
balzare su ghiaie colorate
svanendo nottate passate ad abbrac-
ciarti
temo,

L'avenire mutavole negli attimi
fuga che svuota l animo,
il suo lento scivolarmi scuote
tremo,

NON SO PIU ESSER SOLO
CON TE
SENZA ATTIMI DI TE PA-
CIFICO NEL'
AREE SOINGO E./.

FINGO

Χρόνος,
μεταλλάξεις ξυπόλυτου
τράνταγμα σε χρωματιστά βότσαλα
ξεθώριασμα πέρασαν νύχτες για να σε
αγκαλιάσω
φοβάμαι,

το μέλλον μεταμορφωμένο στις στιγμές
διαφυγής που αδειάζει την ψυχή,
η αργή ολίσθηση με ταρακουνάει
τρέμω,

ΔΕΝ ΞΕΡΩ ΠΙΑ ΝΑ ΕΙΜΑΙ
ΜΟΝΟΣ
ΜΑΖΙ ΣΟΥ, ΧΩΡΙΣ ΤΙΣ ΣΤΙΓΜΕΣ
ΣΟΥ ΚΑΙ.

ΠΡΟΣΠΟΙΟΥΜΑΙ.

*Bevo un avo
evoco e a poco a poco
mio e il sonno.*

*ίνω ένα πρόγονο μου
που προκαλώ και σταδιακά
δικός μου είναι ο ύπνος .*

Tuoni tristi suoni
Solisti rintocchi
Sinistri
Di modi
Lontani mondi.

Ηλιβερή βροντή
Σόλο ακούγεται
απειλητικό
χτυπήματα των μακρινών
κόσμων τρόπους.

AVE A CESARE

*Mutazioni di aree d'animi
d'allarme in me Datemi ora dannati attimi
d'ansia per te
Chi perquote testa in tagli quoque!
Suoni d'oche, starnazzano; vuote.*

Ora piangi attimi ritagli che or piu non tangi

(MIETIMI)
   OR

ΑΝΕ ΣΤΟΝ ΚΑΙΣΑΡΑ

*Μ εταλλάξεις των
περιοχών του συναγερμού ψυχές μέσα μου
δώσε μου τώρα καταραμένες στιγμές
άγχους για σένα που χτυπήθηκε κεφάλι
σε περικοπές επίσης Ήχοι από χήνες,
φτάρνισμα. άδειο.*

*Τώρα κλαίνε στιγμές αποκόμματα που δεν
μπορείς να αγγίζεις*

(ΣΥΓΚΟΜΙΔΗ).
   ΤΩΡΑ

*Il fuoco in me verde
come giovan
l'animo scosso in me
mutevole*

Η φωτιά μέσα μου
Πράσινη όπως η καλή
ψυχή κλονίστηκε
μέσα μου.

NON SO PIU

PIU SO
NON
PIU LO
VEDRO'

S.G.P Torri

ΔΕΝ ΞΈΡΩ ΠΙΑ

ΔΕΝ ΘΑ ΤΟΝ ΔΩ ΠΙΑ.

erpi covaron
carogne nel'aria
me hai aia
il dolor mi stranga.

INUTIL DOLOR CH'IO PIANGA.

*Τ*ίδια κλοσά
χαλασμένα στον αέρα
με έχεις,
αυλή ο πόνος με στραγγαλίσει.

ΑΧΡΗΣΤΟΣ ΠΟΝΟΣ ΠΟΥ ΚΛΑΙΩ.

"OL PIRLI'"

*Torna rimbalza, sul castello sobbalza
il birilli incalz, schizzando li sbalza.*

*D'un tratto tremando si scansa
e rotola tombola, s'accascia.*

LA CINGHIA DINUOVO
L' ABBRACCIA.

"OL PIRLI"

Ρίσω αναπηδά, στο κάστρο πηδά
τις κορύνες φέρνει κοντά, πιτσίλισμα στις προεξοχές.

Ξαφνικά τρόμος τρέχει έξω
και κυλά τομπολά, κατρακυλά.

Ο ΝΕΟΣ ΙΜΑΝΤΑΣ ΤΟΝ ΑΓΚΑΛΙΑΖΕΙ.
ΑΛΛΟ ΕΝΑ.

"Time"
SIMONE TORRI - ETCHING

OUTRO.

IL CIELO
IO CREDO
NON STIA
INCIMA
SOSPESO,
DA VIA
IN ARIA
PER VIA
DI SOGNI
O MAGIA
E CADA
SU. VIA
IN TERRA
PER LA
SUA VIA

S.G.P Torri

Ο ΟΥΡΑΝΟΣ

ΠΙΣΤΕΥΩ
ΟΤΙ ΔΕΝ ΕΙΝΑΙ
ΑΝΥΠΟΦΟΡΟΣ,
ΑΠΟ
ΤΟΝ ΤΡΟΠΟ
ΣΤΟΝ ΑΕΡΑ
ΛΟΓΩ
ΤΩΝ ΟΝΕΙΡΩΝ
Η
ΤΗΣ ΜΑΓΕΙΑΣ
ΚΑΙ ΠΕΦΤΕΙ
ΕΠΑΝΩ.
ΜΑΚΡΙΑ
ΣΤΗ ΓΗ ΣΤΟΝ
ΔΡΟΜΟ ΜΟΥ

"Milano"
SIMONE TORRI - ETCHING

S.G.P Torri

"Figure In Light"
SIMONE TORRI - ETCHING

S.G.P Torri